kirahvi
giraffe

kenguru
kangaroo

vika
bug

apina
monkey

mustekala
octopus

kani
rabbit

hai
shark

tiikeri
tiger

jäkättää
yak

seepra
zebra

alligaattori
alligator

koira
dog

papukaija
parrot

eläimet
animals

lammas
sheep

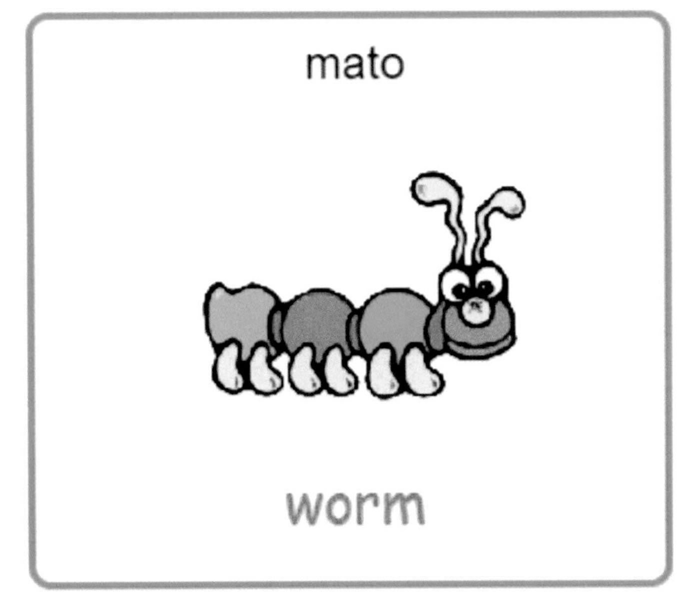
mato
worm

muurahainen
ant

kissa
cat

peura
deer

norsu
elephant

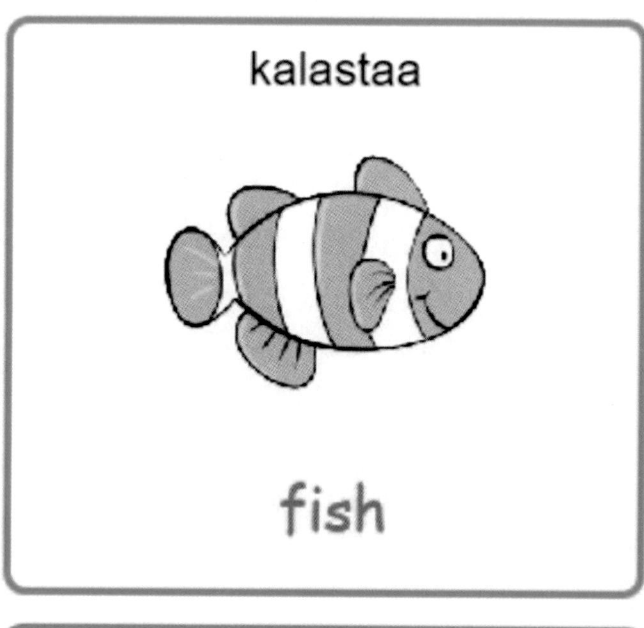
kalastaa
fish

kana
hen

iguana
iguana

leijona
lion

mooli
mole

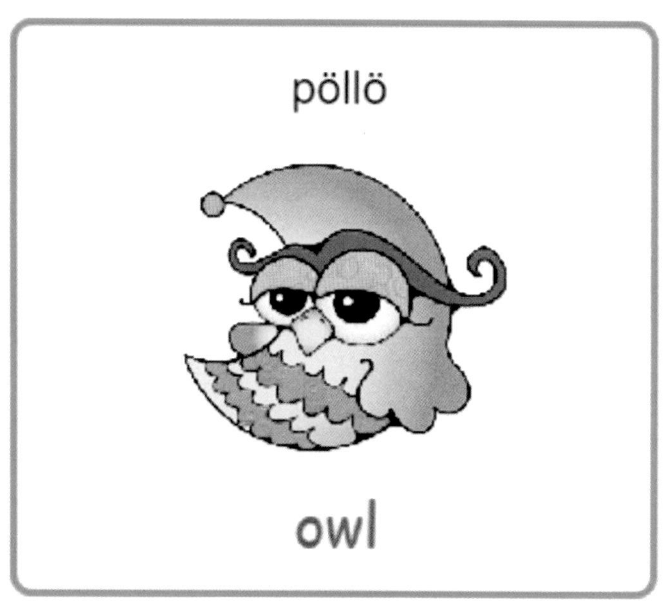
pöllö
owl

sika
pig

kukko
rooster

etana
snail

turkki
turkey

valas
whale

mehiläinen
bee

ankka
duck

gorilla
gorilla

karhu
bear

lintu
bird

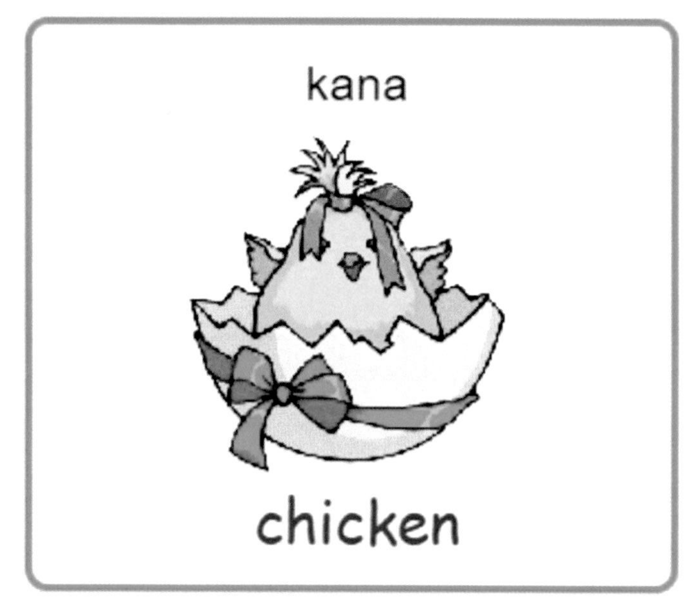
kana
chicken

lehmä
cow

rapu
crab

hevonen
horse

kissanpentu
kitten

oravia
squirrel

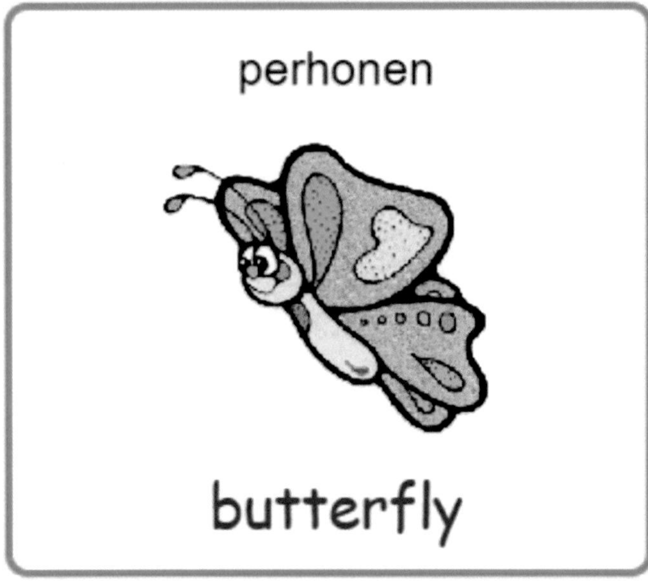
perhonen
butterfly

kameli
camel

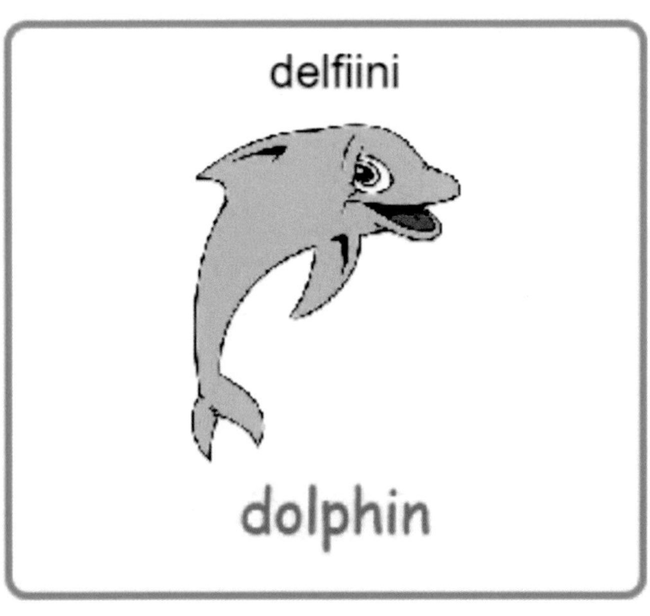
delfiini
dolphin

kotka
eagle

poikaset
chick

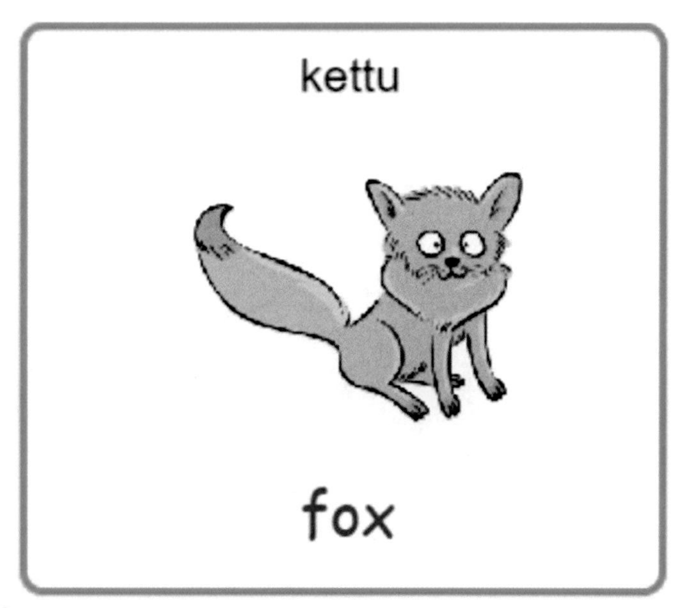
kettu
fox

sammakko
frog

vuohi
goat

virtahepo
hippopotamus

panda
panda

pentu
puppy

hiiret
mouse

pingviini
penguin

käärme
snake

hämähäkki
spider

kilpikonna
turtle

susi
wolf

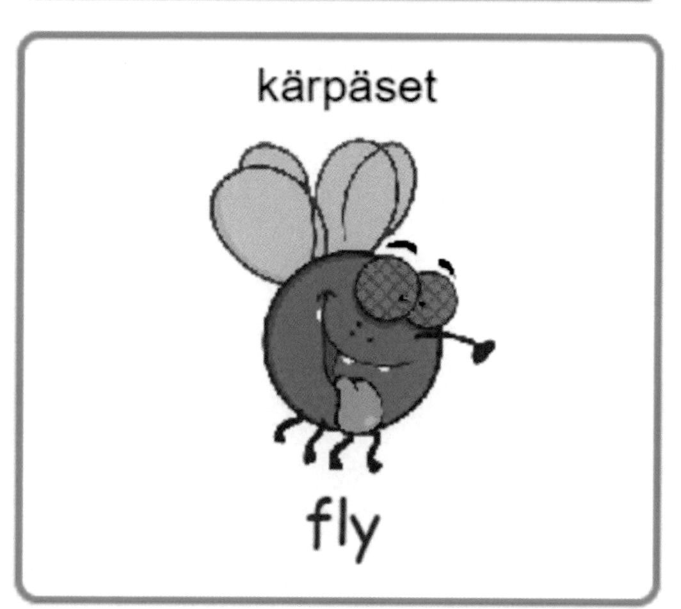
kärpäset
fly

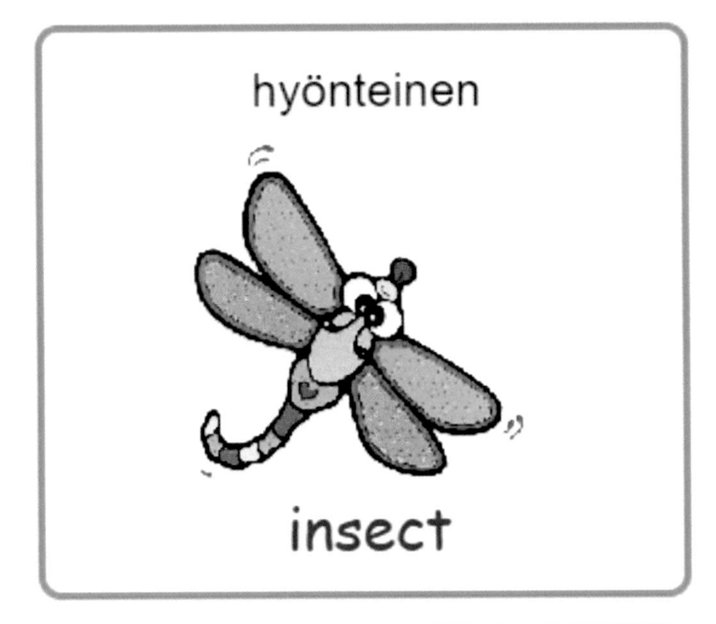
hyönteinen
insect

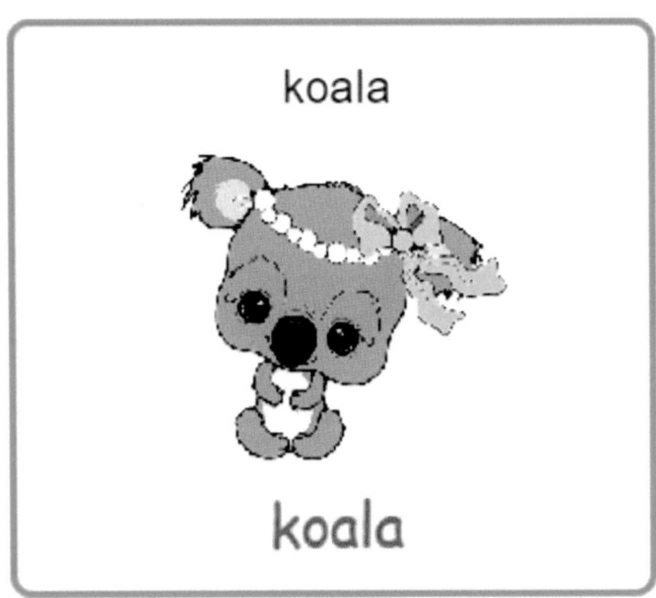
koala
koala

viiriäinen
quail

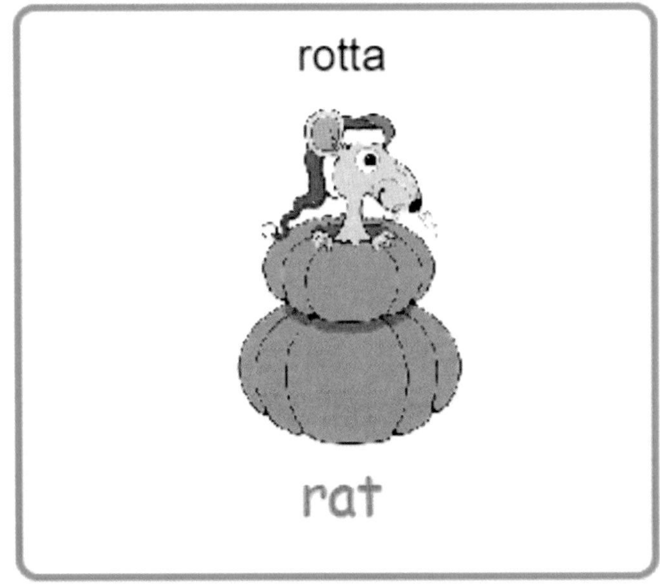
rotta
rat

haisunäätien
skunk

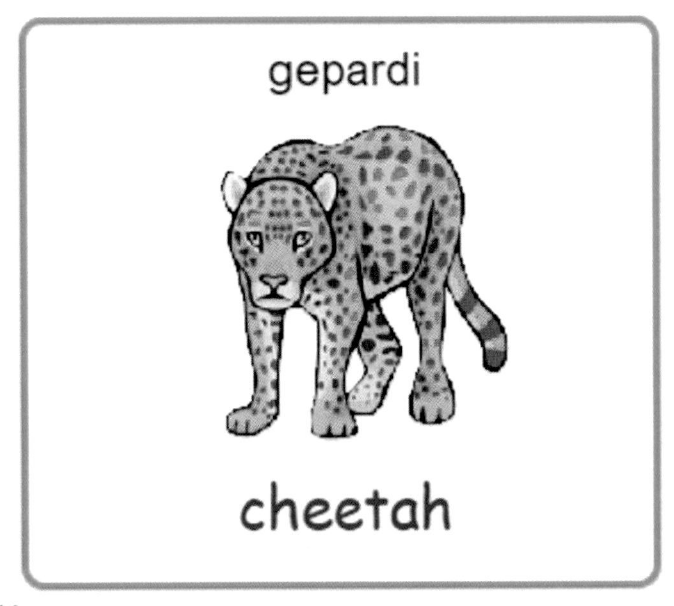
gepardi
cheetah

lisko

lizard

tamma

mare

strutsi

ostrich

osteri

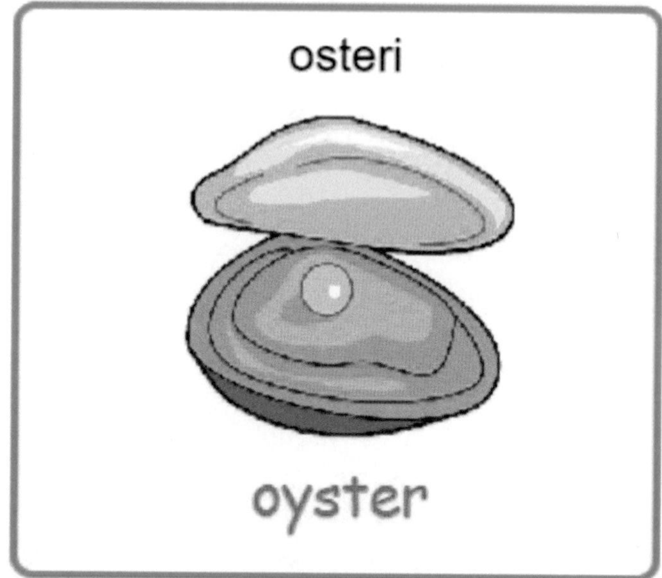

oyster

pelikaani

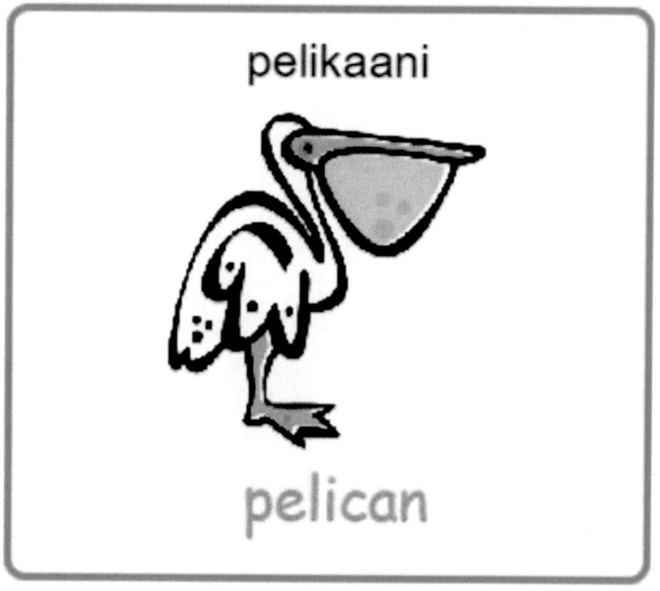

pelican

kyyhkynen

pigeon

poro

reindeer

joutsen

swan

rupikonna

toad

korppikotka

vulture

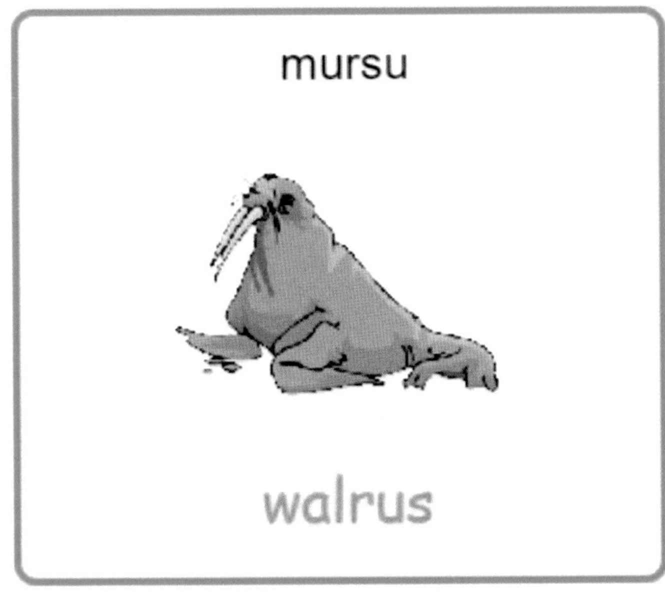

mursu

walrus

simpukka

clam

villisika

boar

polvi

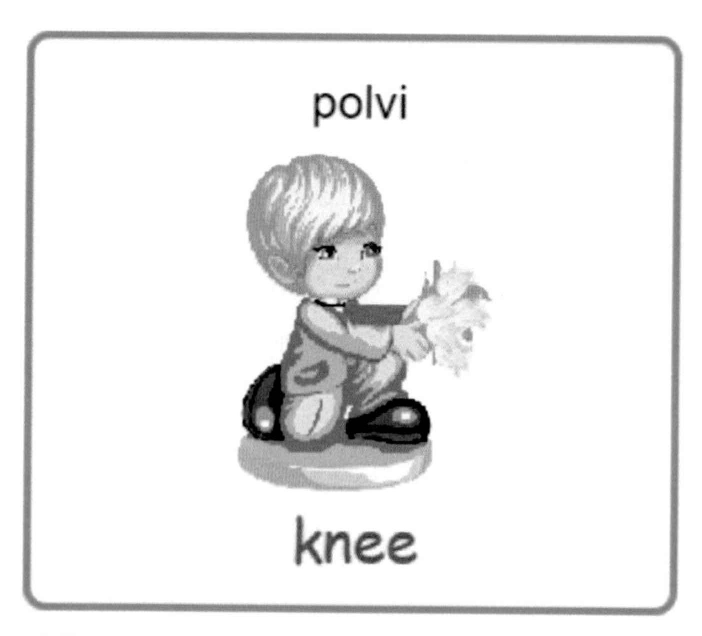

knee

käsi

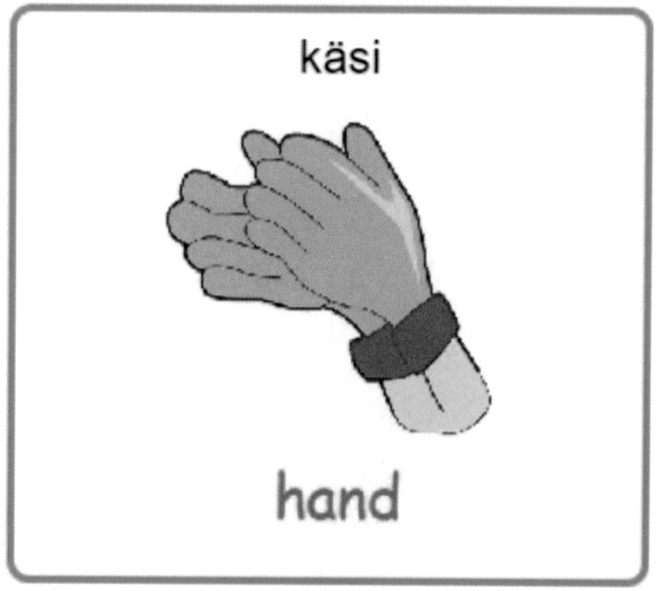

hand

silmä

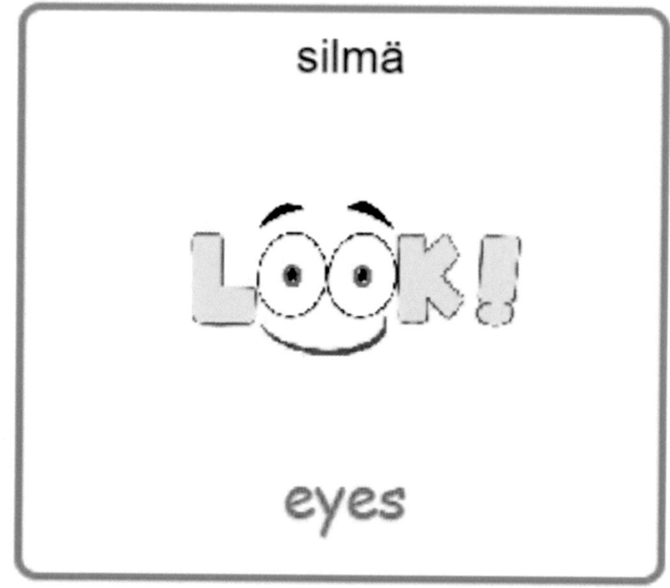

eyes

pää

head

jalat

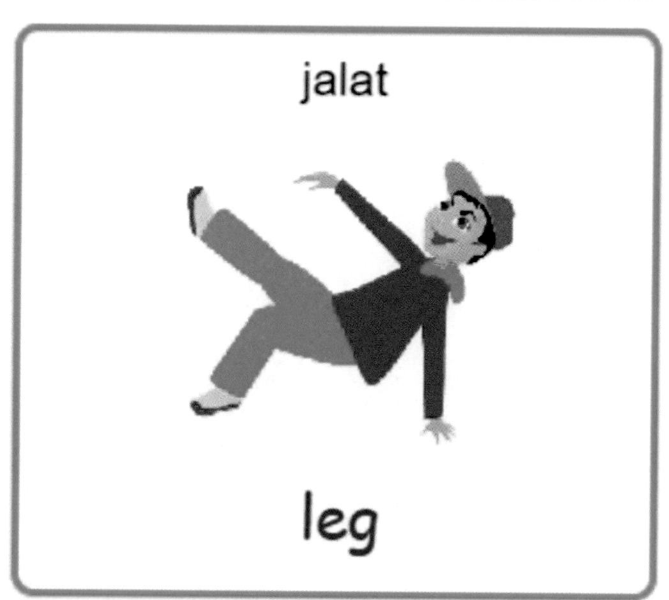

leg

hiukset
hair

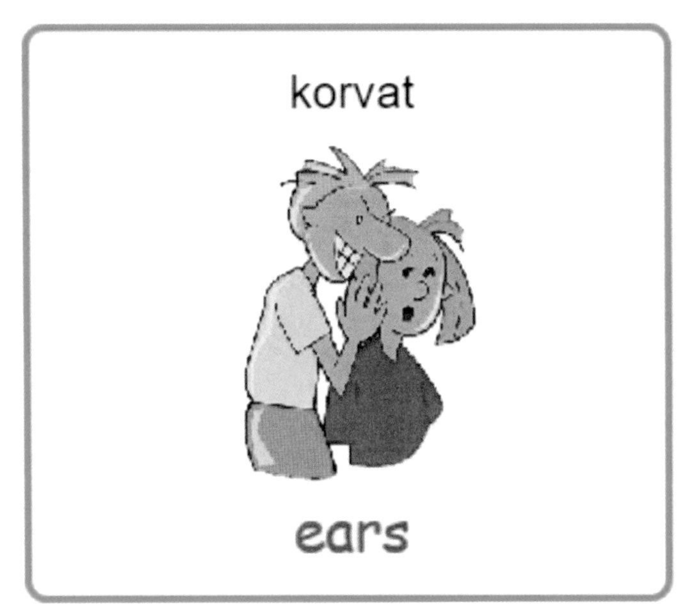
korvat
ears

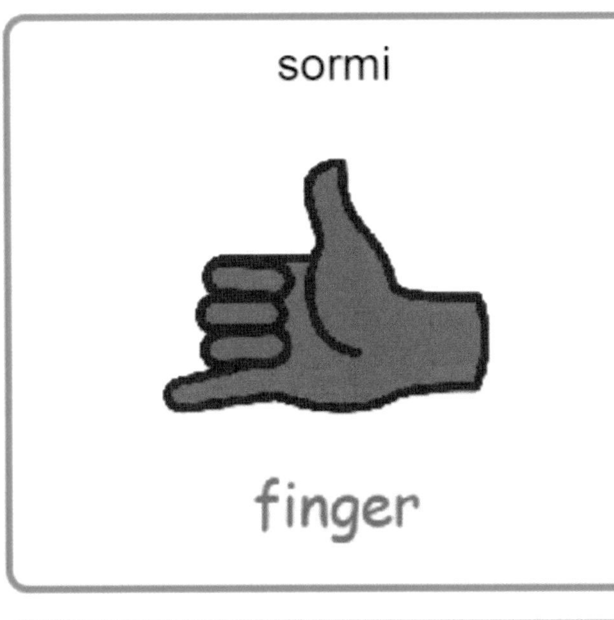
sormi
finger

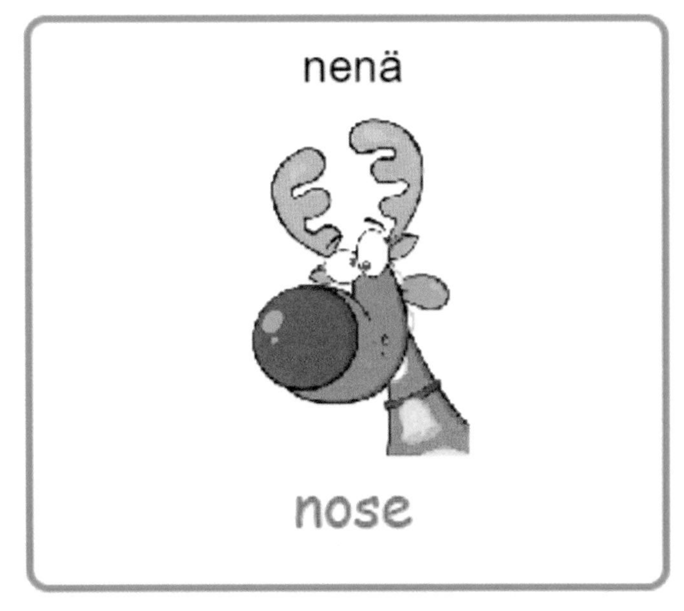
nenä
nose

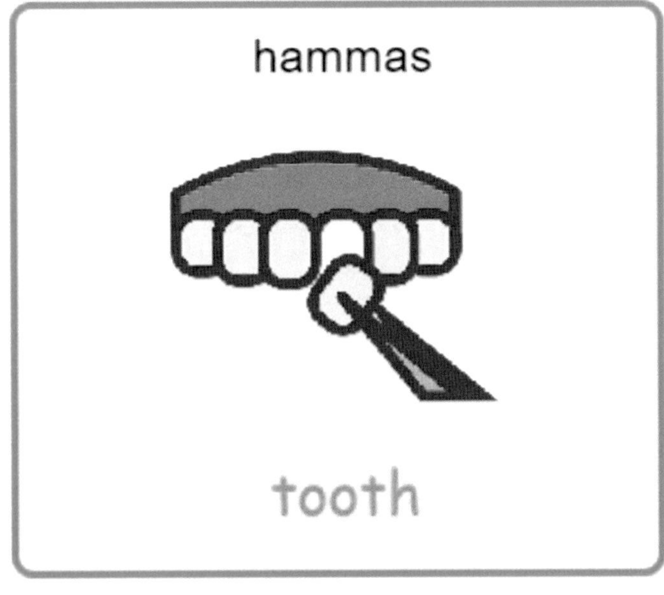
hammas
tooth

olka
shoulder

käsivarsi

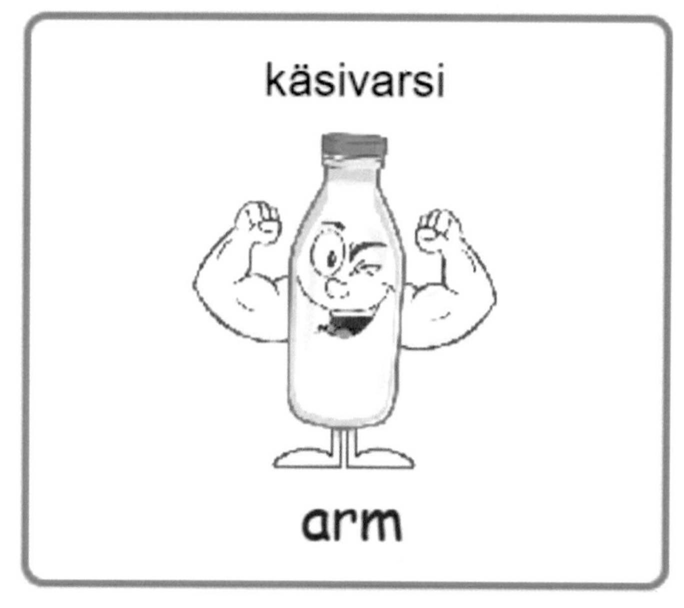

arm

parta

beard

leuka

chin

kyynärpää

elbow

kasvoja

face

suu

mouth

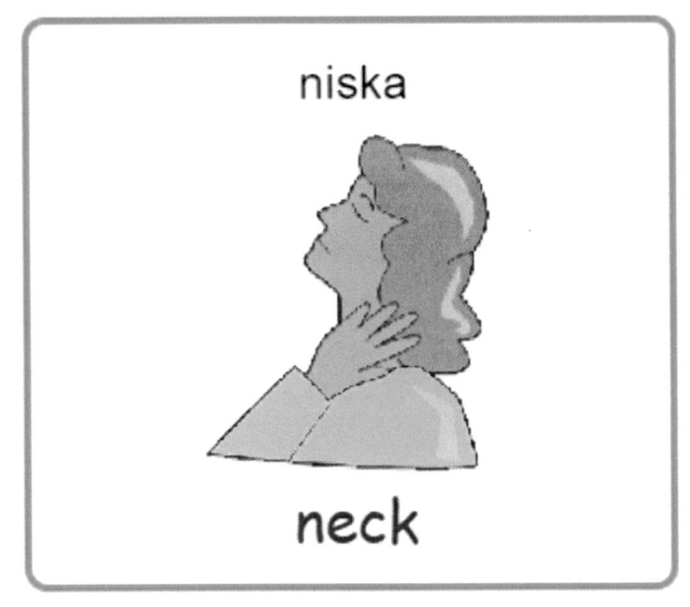
niska
neck

peukalot
thumb

kieli
tongue

lihas
muscle

lonkka
hip

ruumis
body

jäätelö

ice cream

hillo

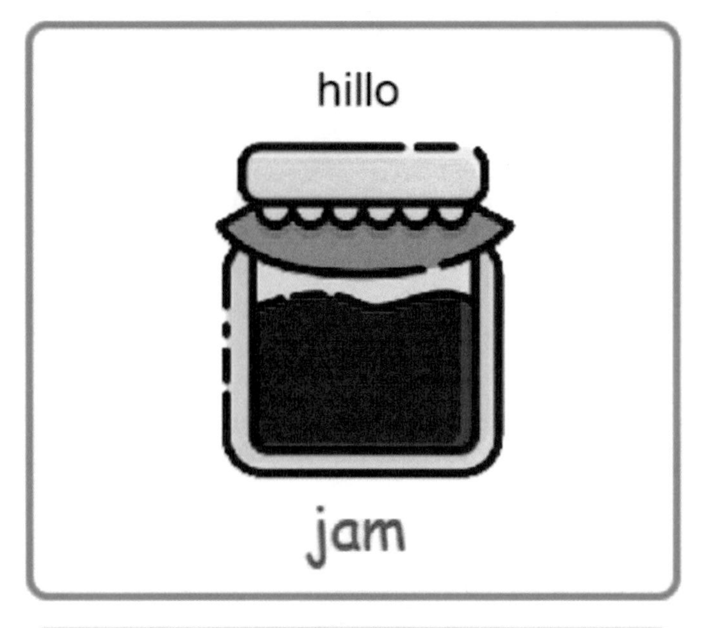

jam

vesimeloni

watermelon

kakku

cake

oranssi

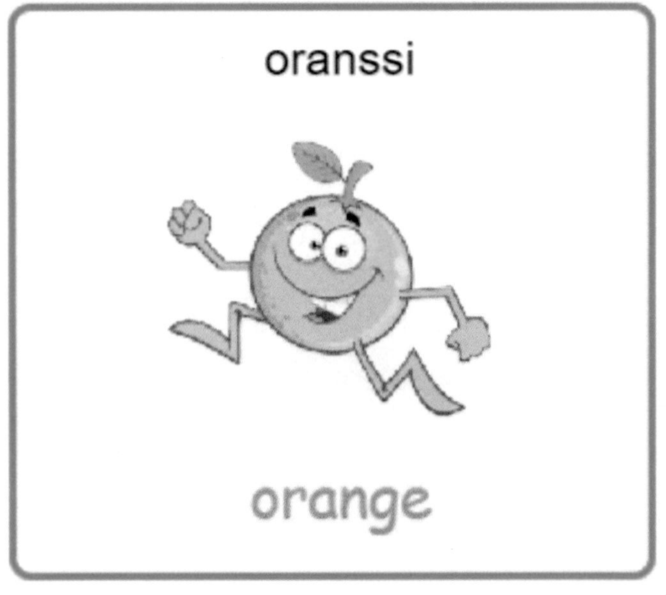

orange

jogurtti

yogurt

sitruuna
lemon

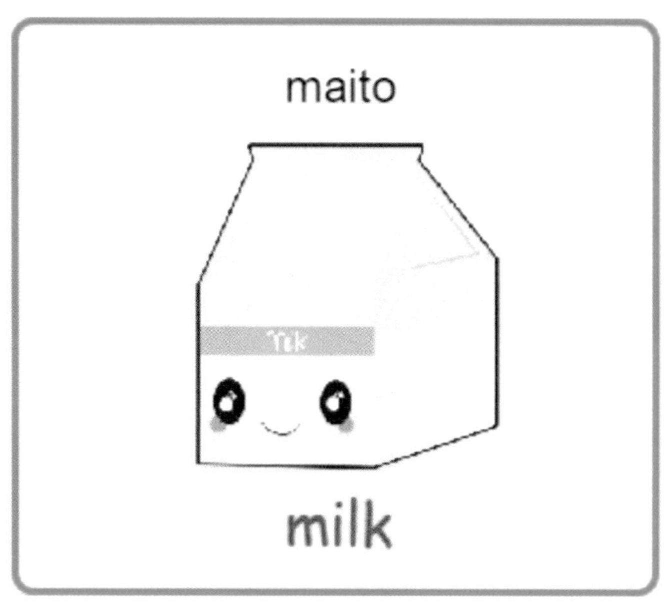
maito
milk

päärynät
pear

omena
apple

leipä
bread

kookospähkinä
coconut

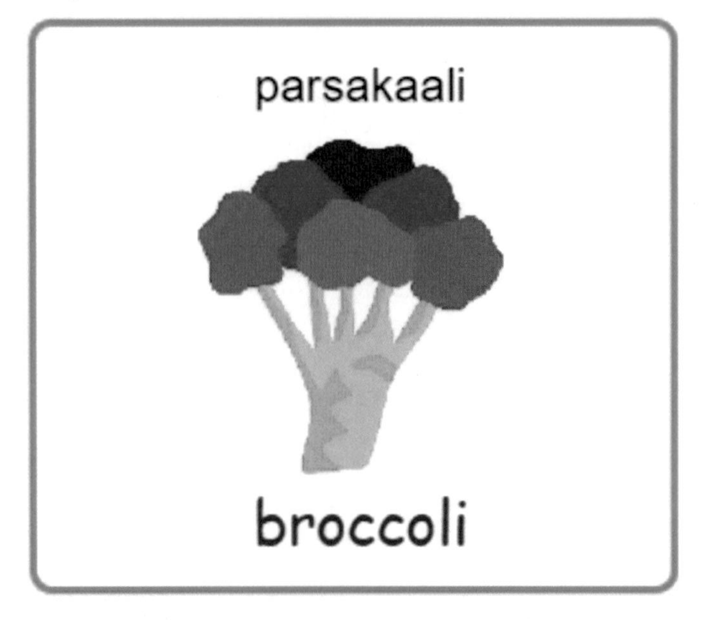
parsakaali
broccoli

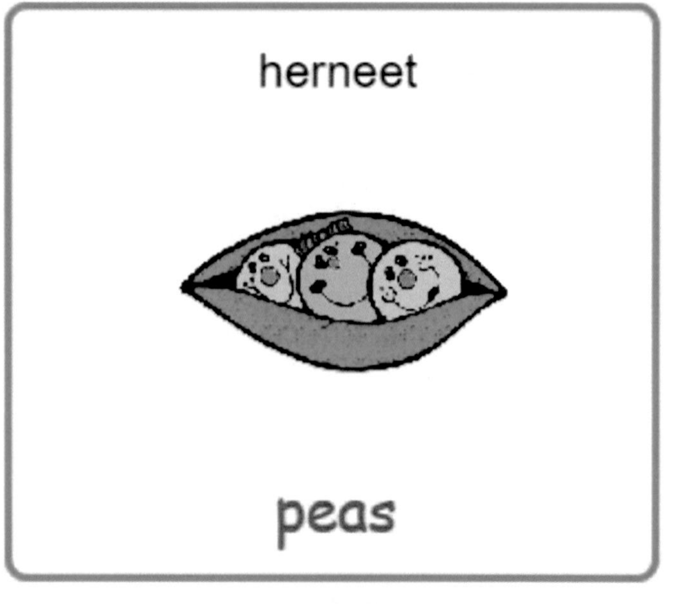
herneet
peas

salaatti
salad

chili
chili

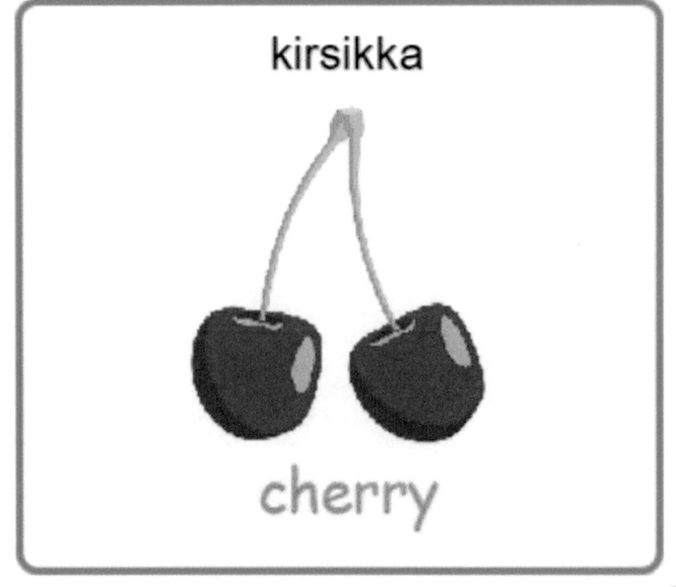
kirsikka
cherry

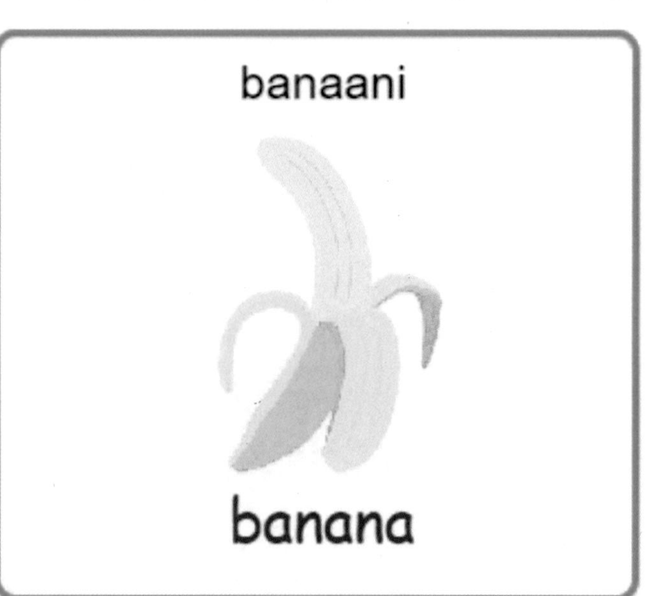
banaani
banana

mansikka
strawberry

ananas
pineapple

papu
bean

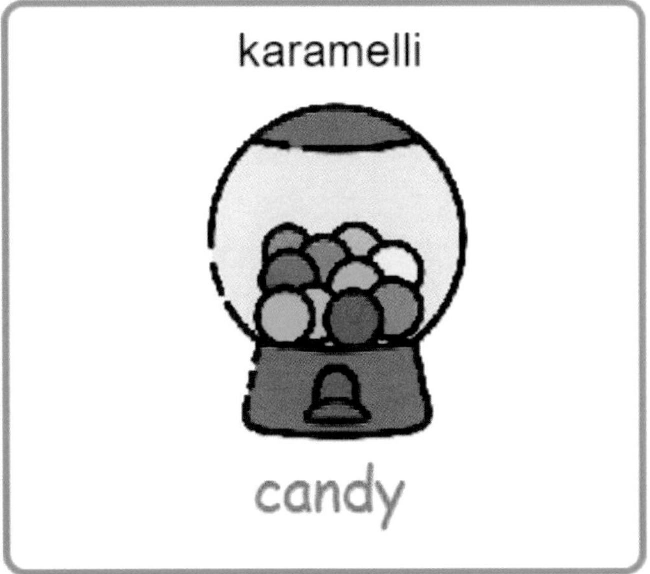
karamelli
candy

kinkku
ham

mehu
juice

kiivi

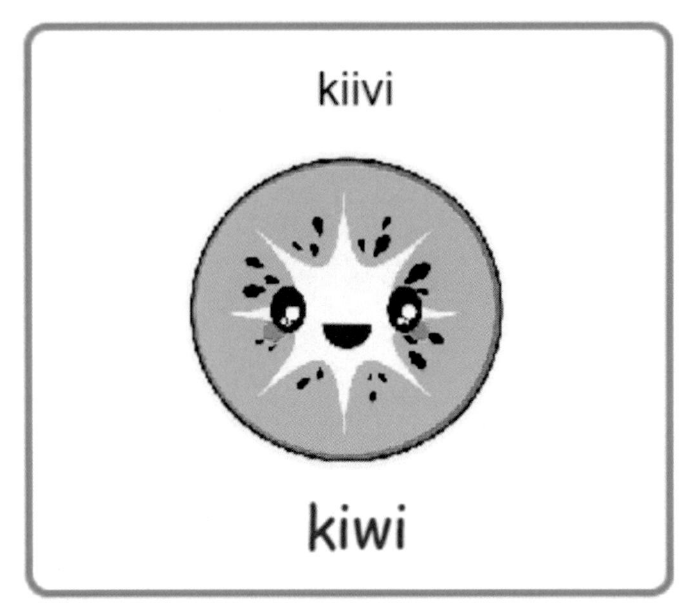

kiwi

liha

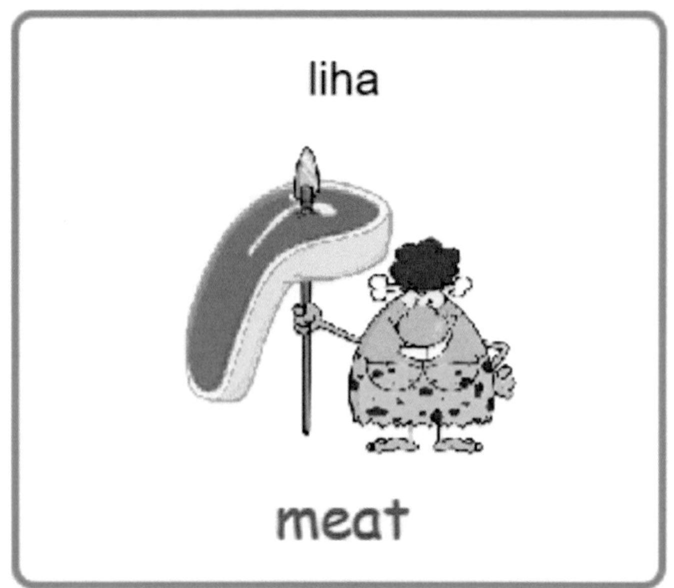

meat

pähkinät

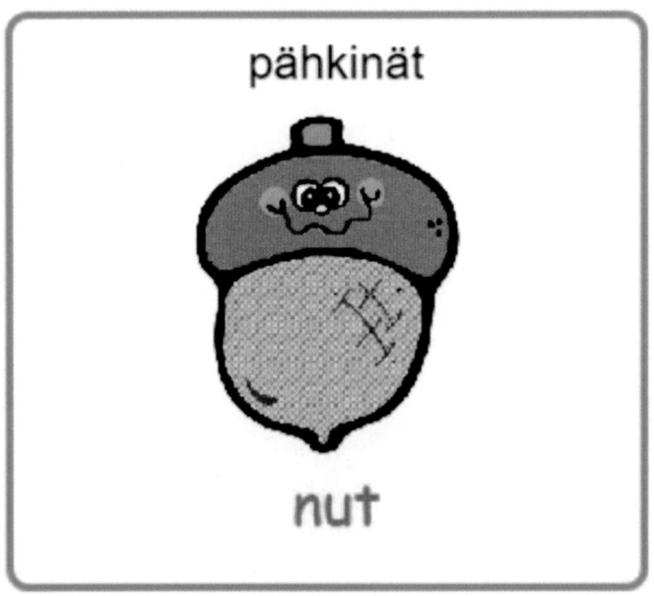

nut

sipuli

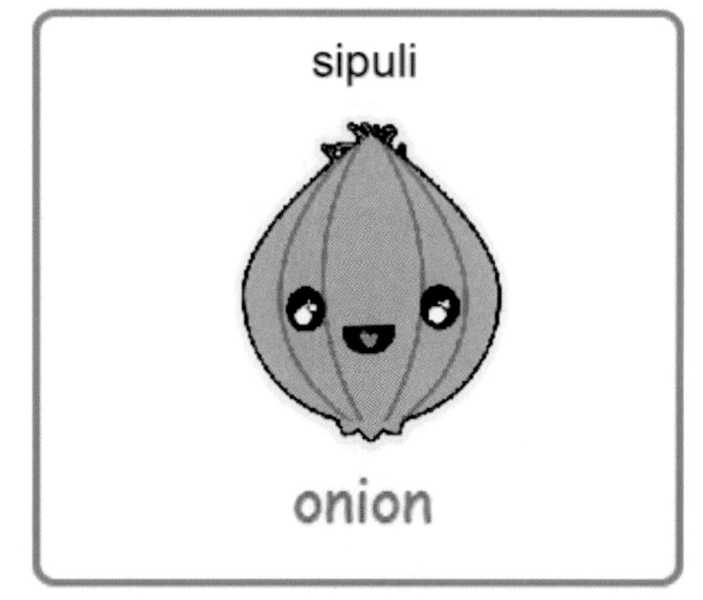

onion

ketsuppi

ketchup

juusto

cheese

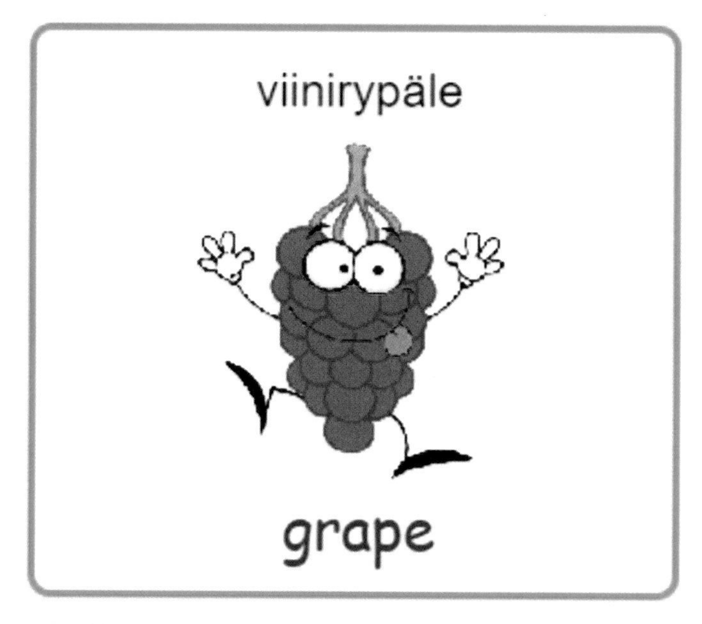
viinirypäle
grape

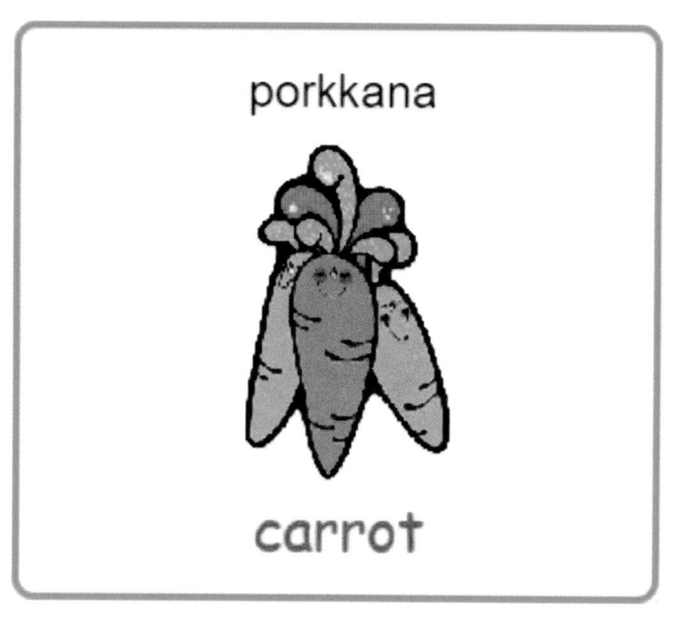
porkkana
carrot

vanukas
pudding

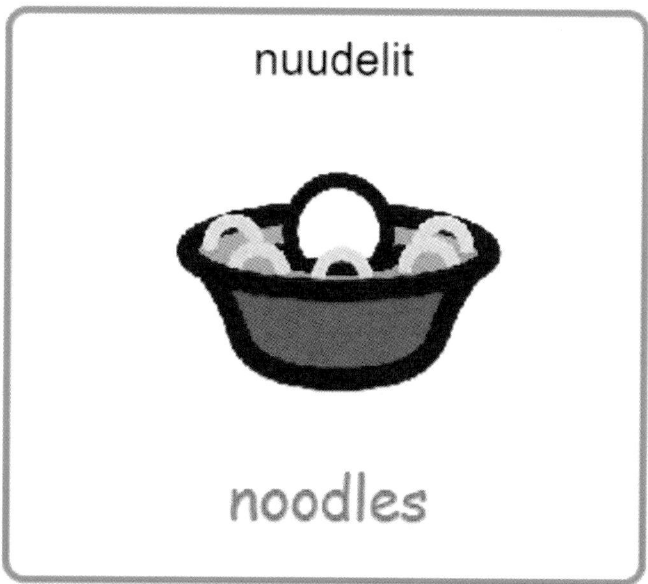
nuudelit
noodles

maapähkinä
peanut

peruna
potato

pihvi
steak

munkkeja
donut

vihannekset
vegetable

makkara
sausage

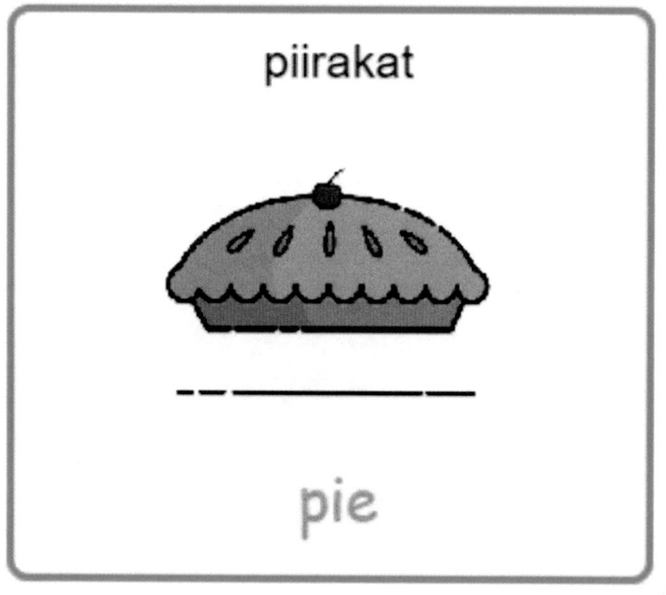
piirakat
pie

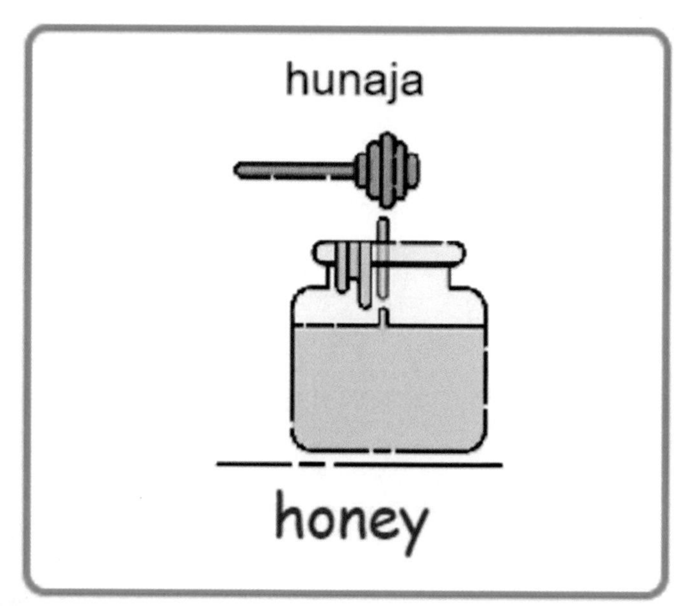
hunaja
honey

keitto
soup

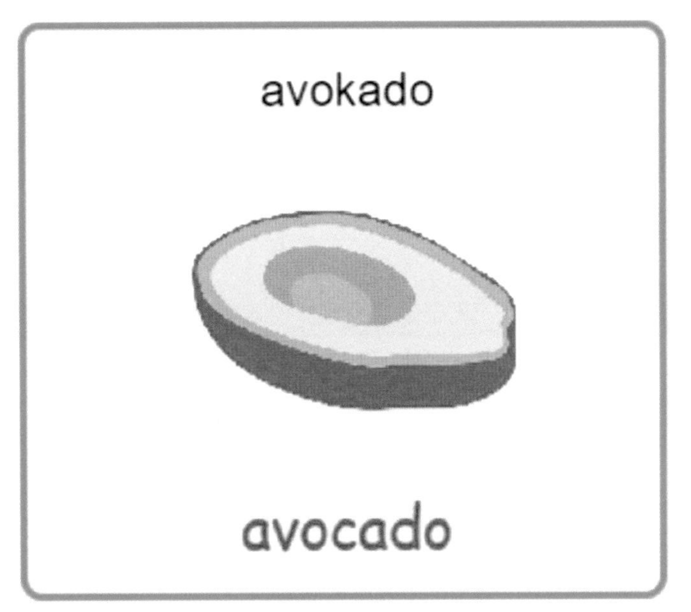
avokado
avocado

suklaa
chocolate

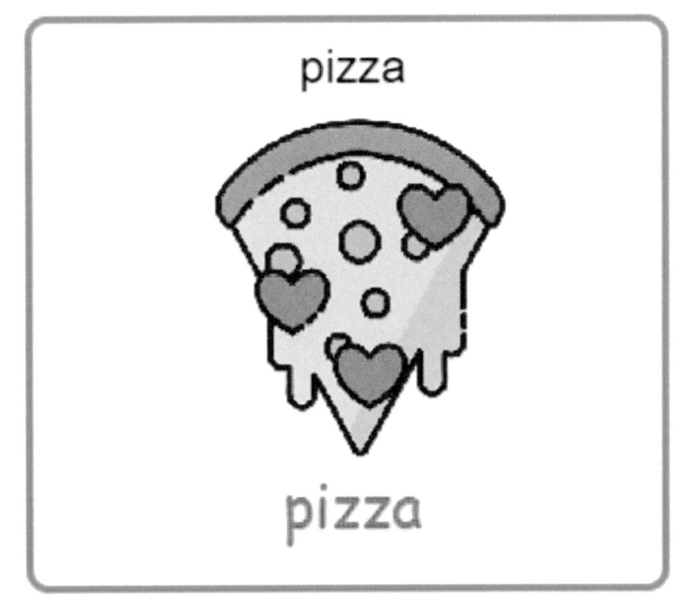
pizza
pizza

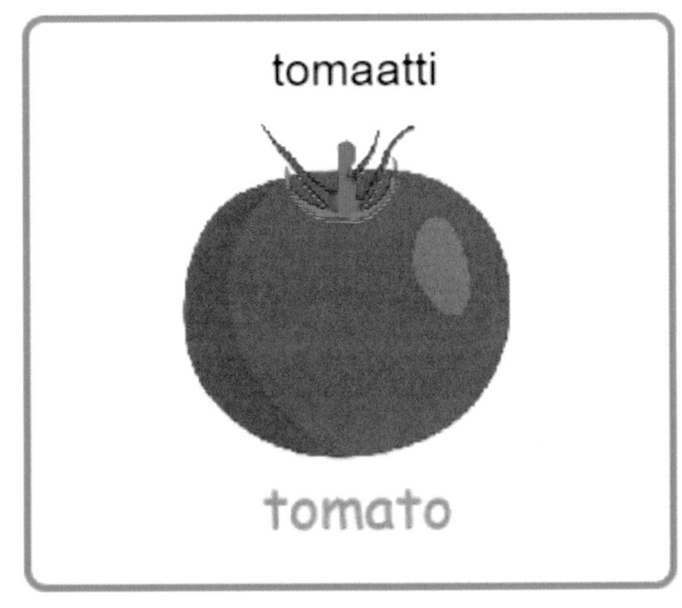
tomaatti
tomato

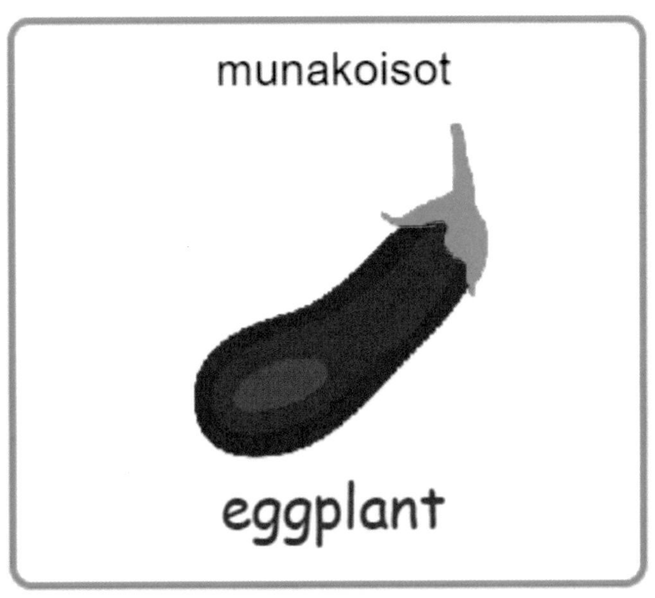
munakoisot
eggplant

kurkku

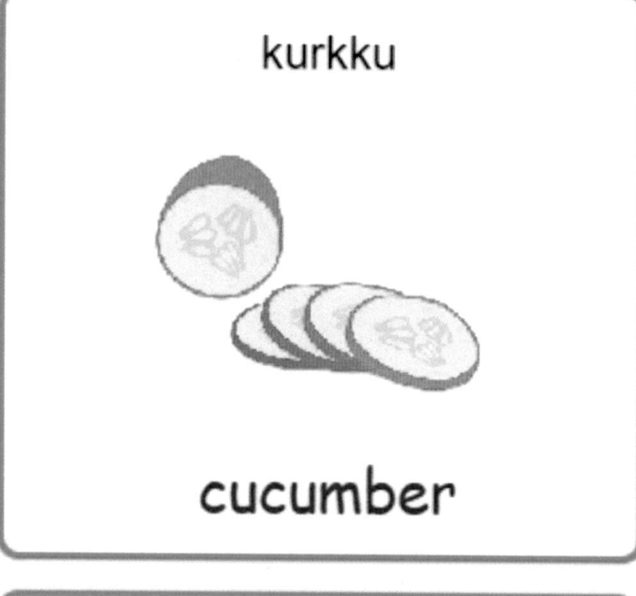

cucumber

greippi

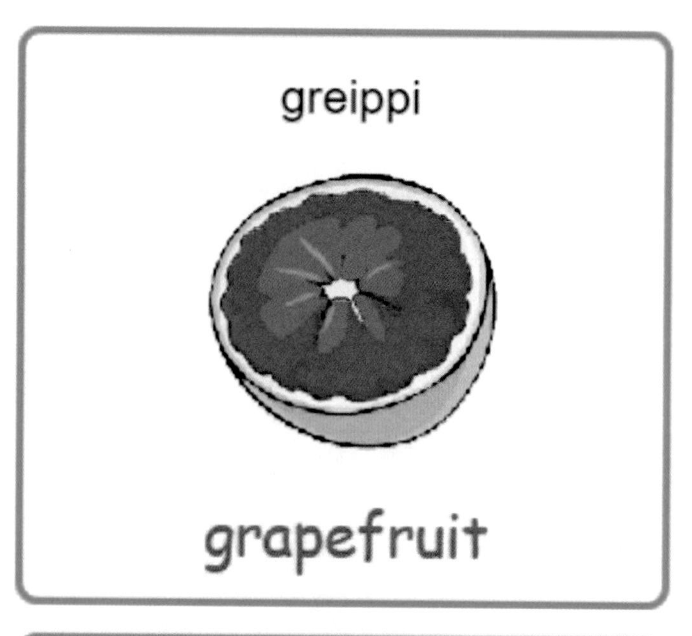

grapefruit

voileipiä

sandwich

persikka

peach

munat

egg

luumu

plum

granaattiomena

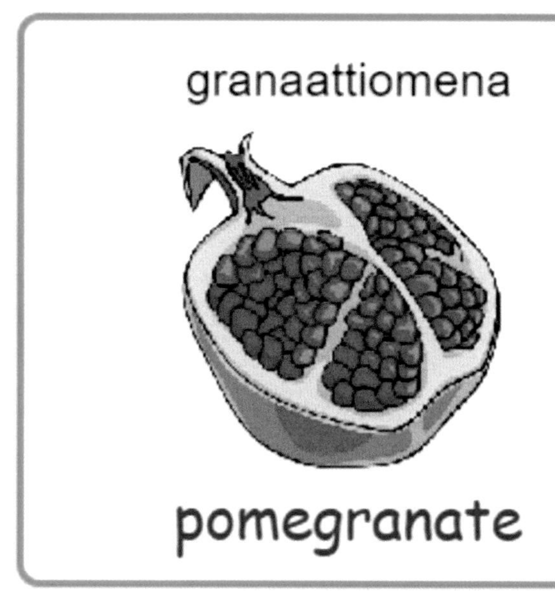

pomegranate

vadelma

raspberry

mandariini

tangerine

vehnä

wheat

pikkuleipä

cookie

sieni

mushroom

nauris

turnip

terho

acorn

maissi

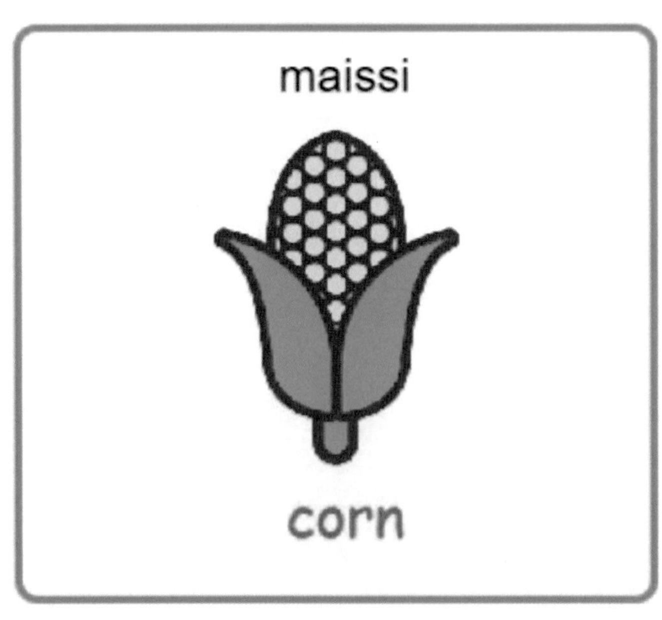

corn

vauva

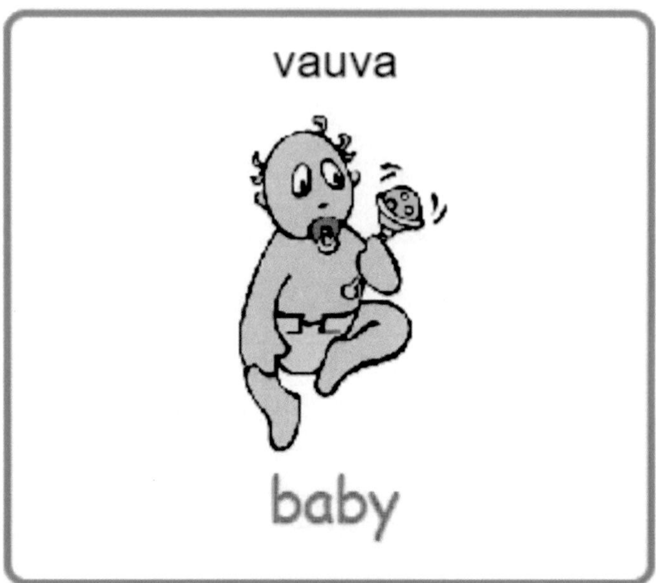

baby

kuningas

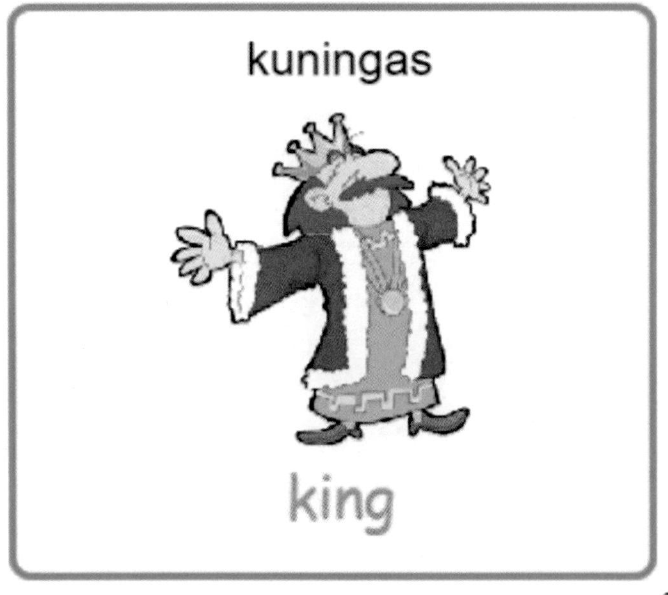

king

lasten

kids

kuningatar

queen

poika

boy

veli

brother

lapset

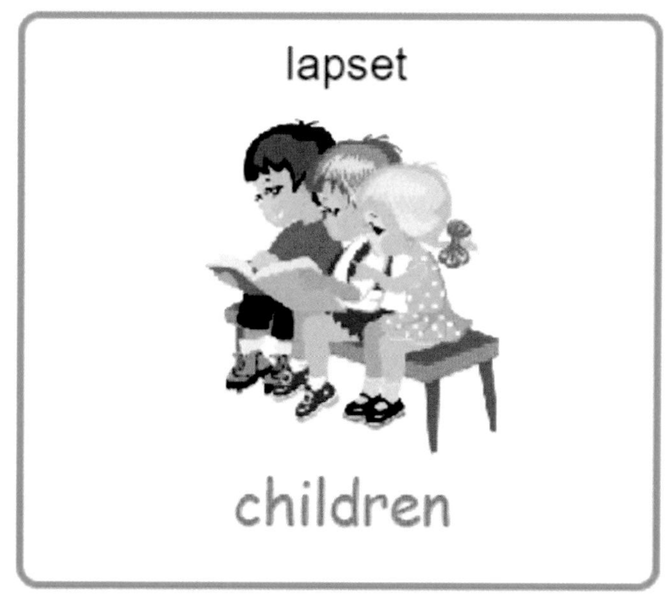

children

viljelijä

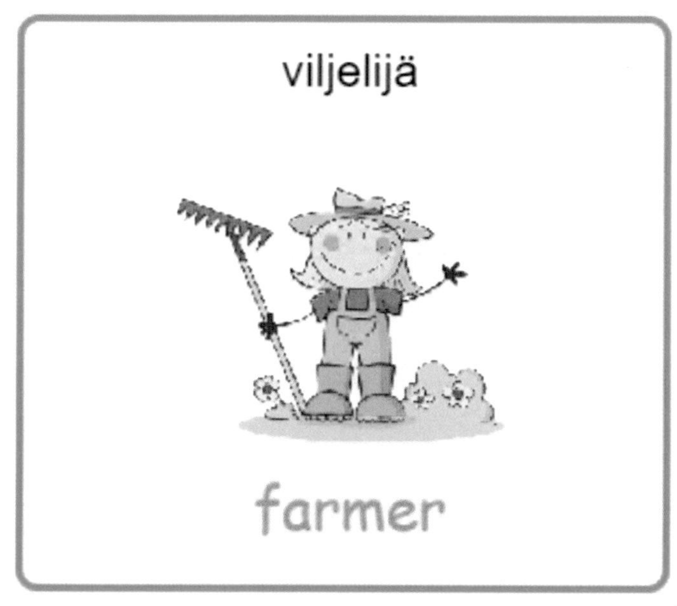

farmer

isä

father

tyttö
girl

mies
man

äiti
mother

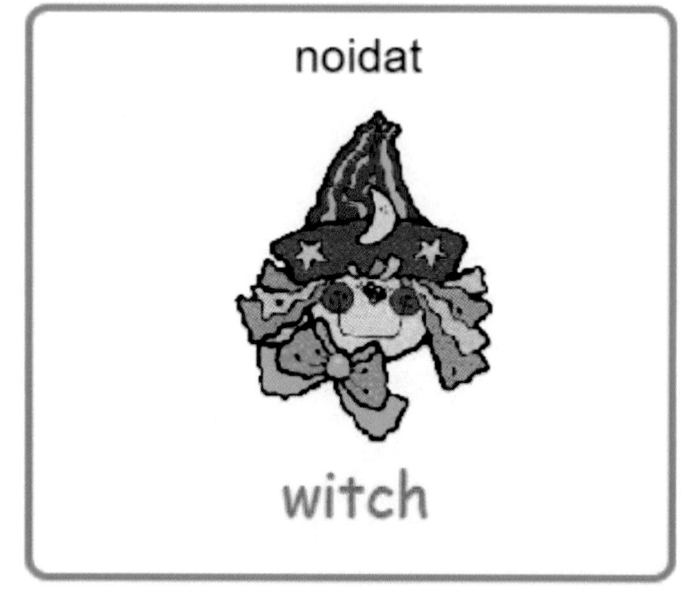
noidat
witch

sisko
sister

parturi
barber

ystävä
friend

lääkäri
doctor

sairaanhoitaja
nurse

taikuri
magician

valokuvaaja
photographer

merirosvo
pirate

kokki
chef

enkeli
angel

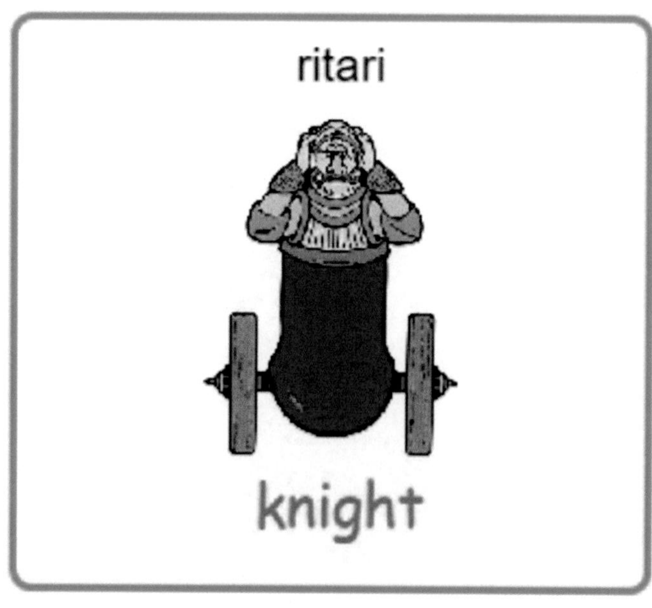
ritari
knight

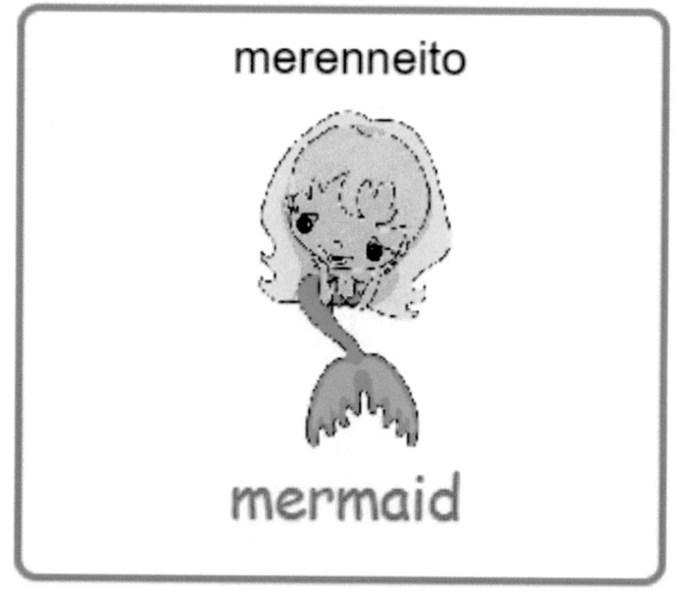
merenneito
mermaid

prinsessa
princess

opettaja
teacher

isä
dad

taiteilija
artist

muusikko
musician

lihakauppias
butcher

johtajat
leader

johtaja
manager

poliitikko

politician

häntä

him

leipuri

baker

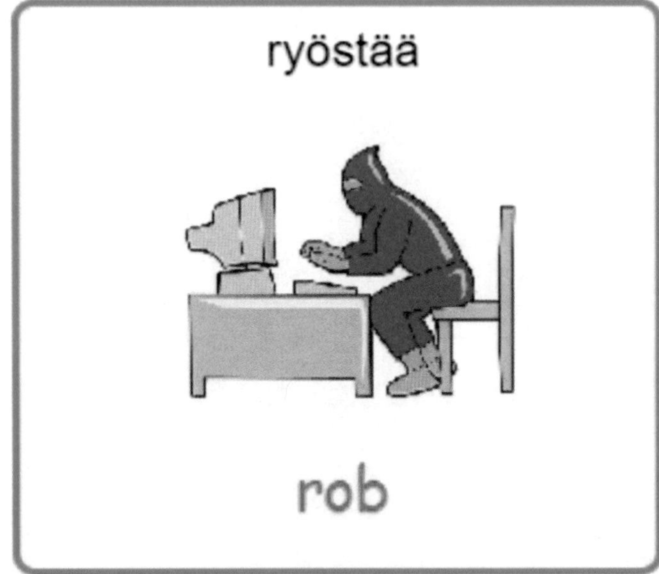

ryöstää

rob

puuseppä

carpenter

poliisi

cop

tarjoilijat
waiter

poliisi
policeman

pikkulapsille
toddler

äiti
mom

impi
maid

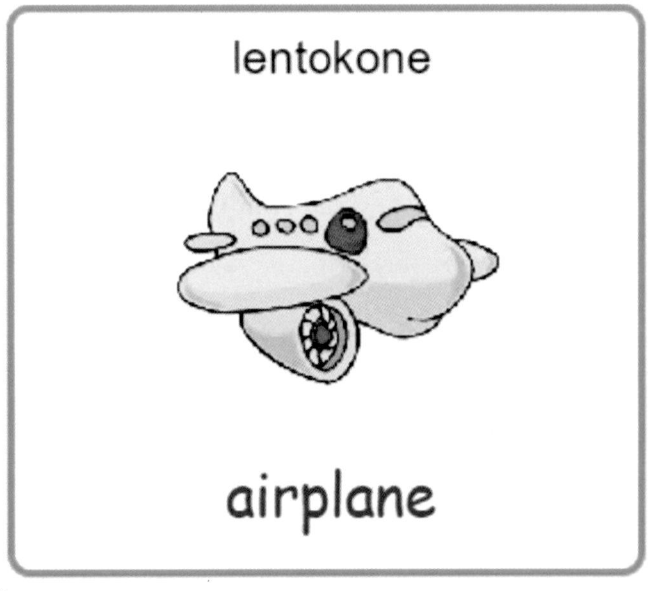
lentokone
airplane

auto

car

skootterit

scooter

polkupyörä

bicycle

pakettiauto

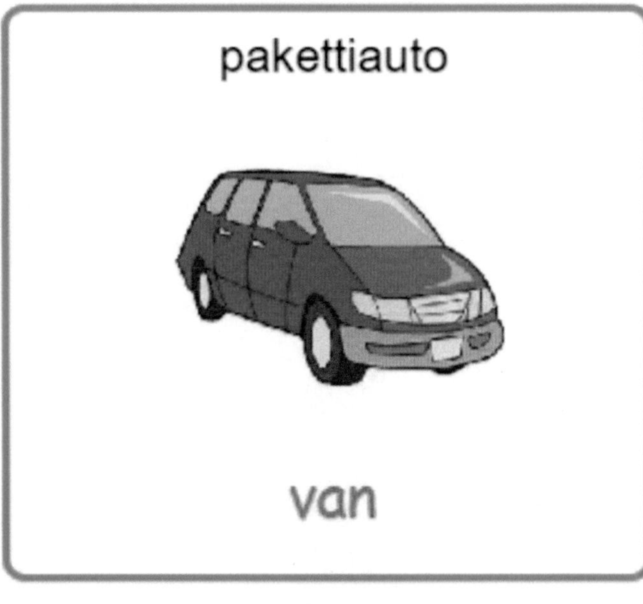

van

bussi

bus

pyörä

bike

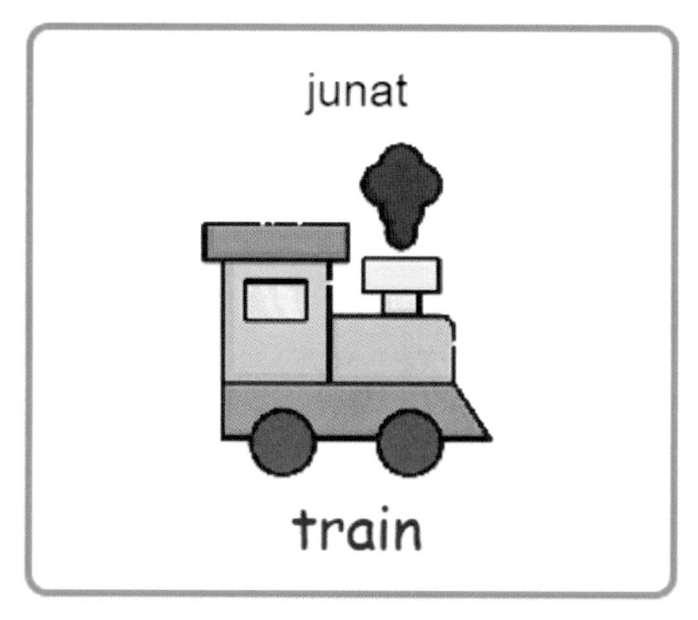
junat
train

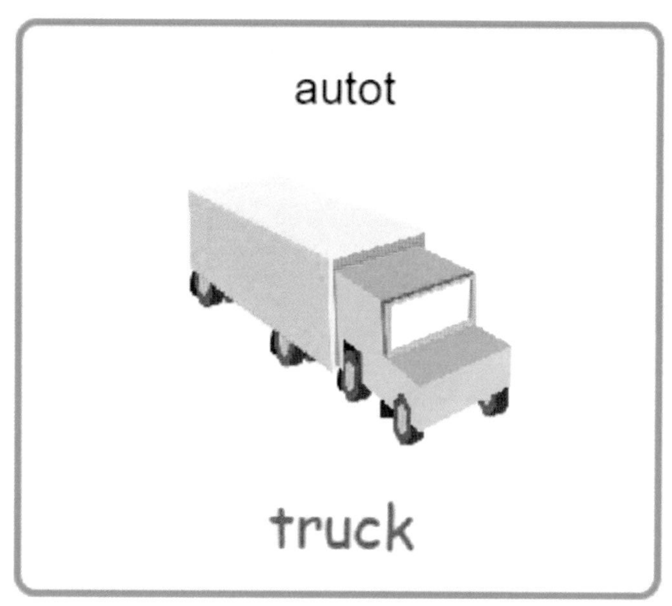
autot
truck

jeeppejä
jeep

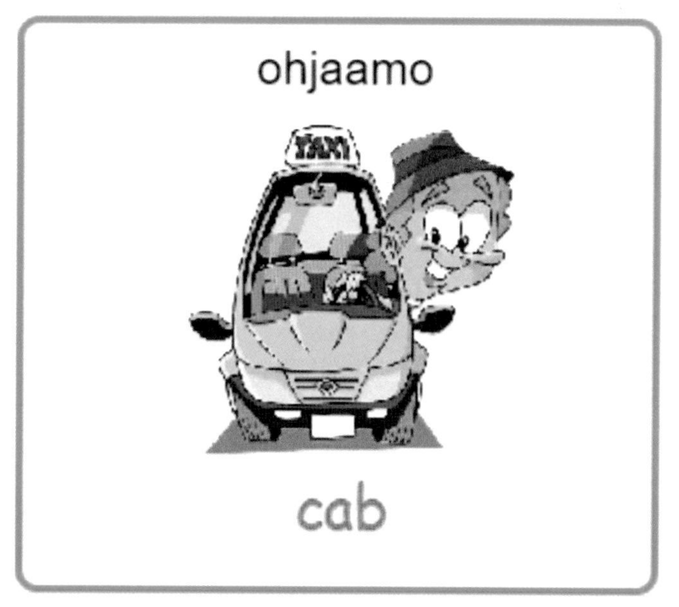
ohjaamo
cab

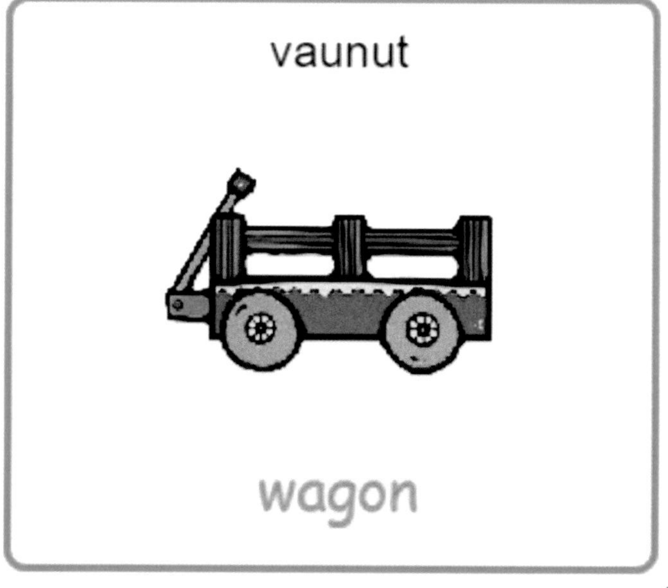
vaunut
wagon

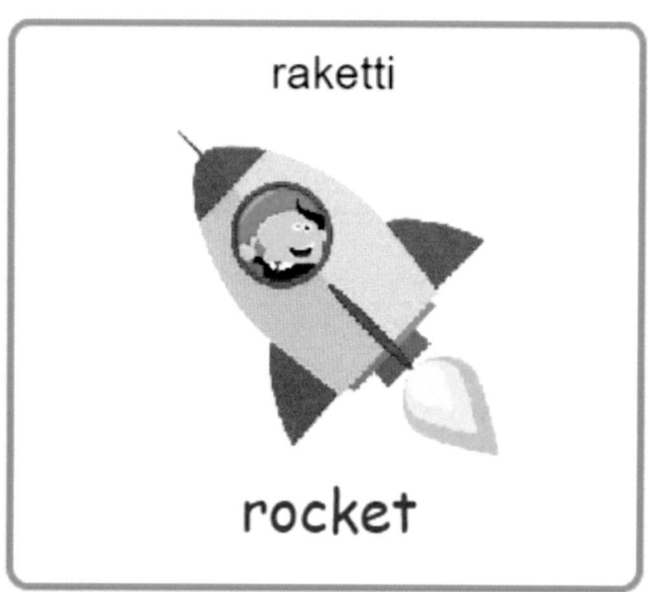
raketti
rocket

kottikärryt
barrow

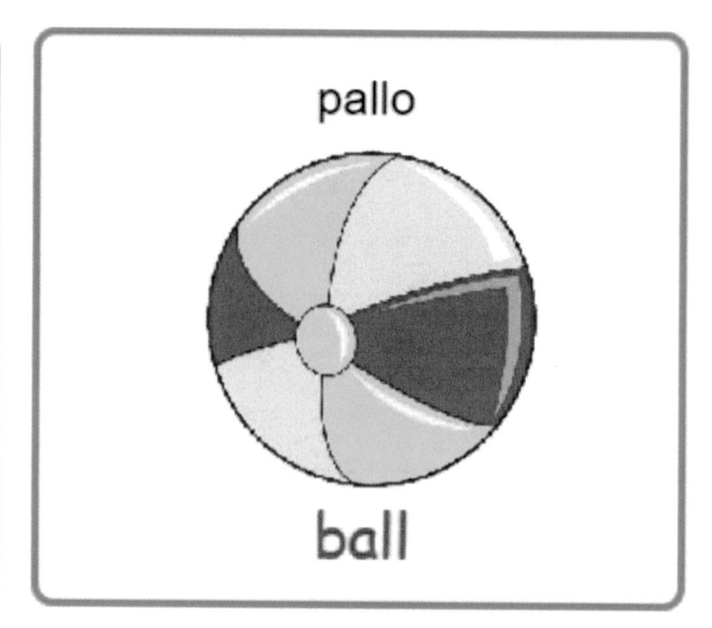
pallo
ball

lippu
flag

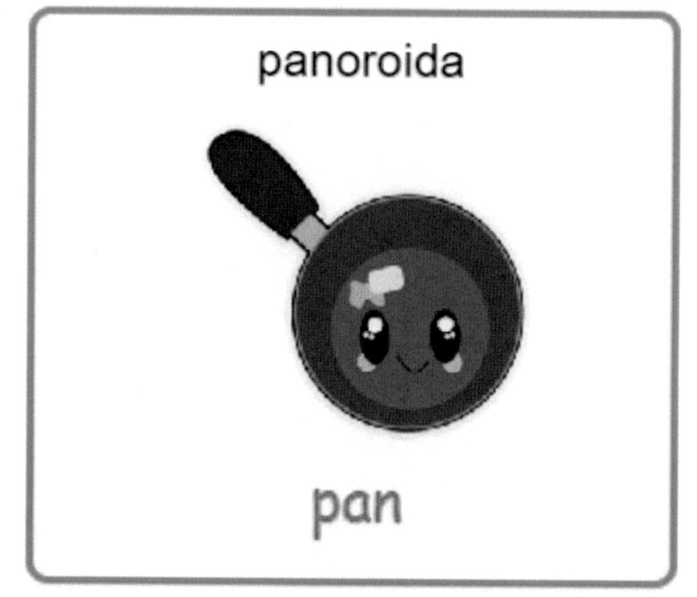
panoroida
pan

maljakko
vase

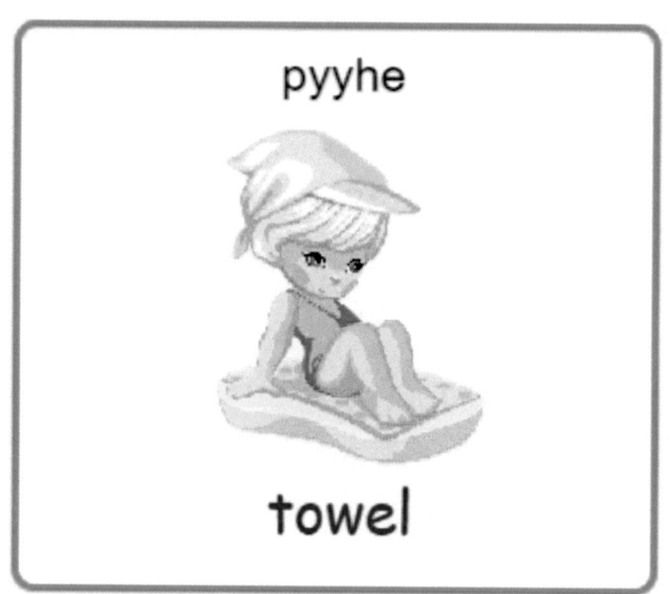
pyyhe
towel

laukku
bag

kannu
jug

reppu
backpack

pesä
nest

puu
tree

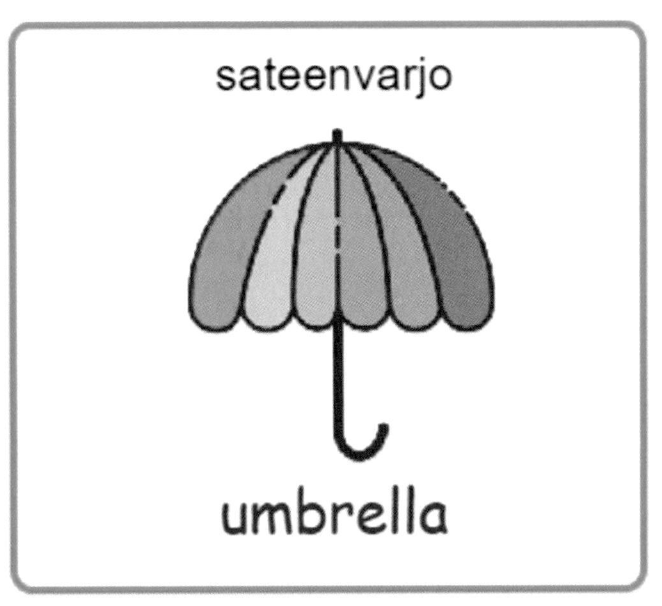
sateenvarjo
umbrella

tulivuori
volcano

ankkuri
anchor

lanka
yarn

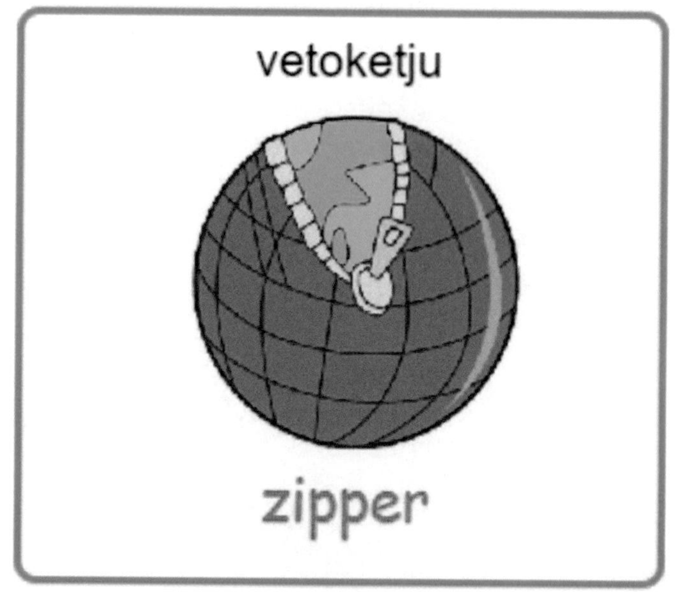
vetoketju
zipper

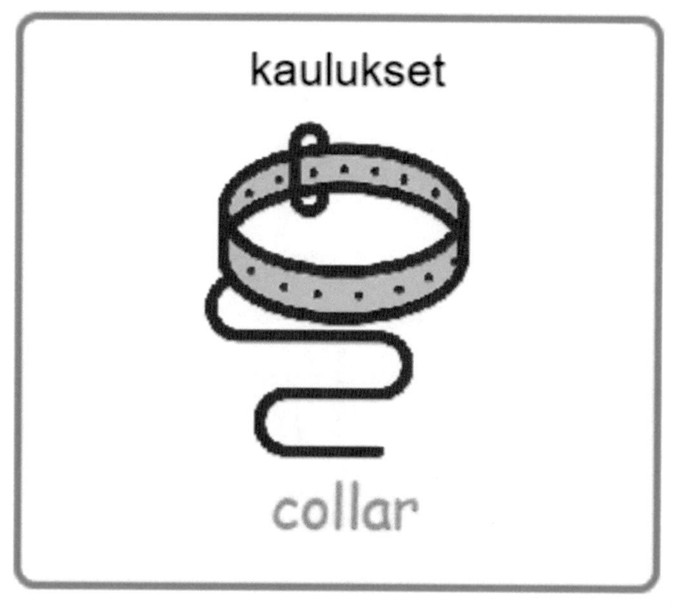
kaulukset
collar

peili
mirror

Made in the USA
Middletown, DE
30 March 2020